어린이를 위한 뇌과학 프로젝트

정재승의 인간탐구보고서

기획 **정재승** | 글 **정재은** | 그림 **김현민** | 심리학 자문 **이고은**

아울북

차례

펴내는 글 **6**
  <인간 탐구 보고서>를 시작하며
등장인물 소개 **12**
프롤로그 **14**
  이 시각 편의점에서는
에필로그 **133**
  윈스를 찾아온 사람들
뇌가 말랑해지는 시간, 13권 미리보기 **138, 142**

1 새로운 외계인의 등장 ········ 20
잃어버린 탐험가의 유산을 찾아서

2 이왕이면 예쁜 걸로 ········ 34
지구인의 감각이 초예민해지는 때
  보고서 **67** 지구인은 아름다움에 중독됐다

3 낙서와 예술 사이 ········ 53
지구인의 예술은 시간과 장소를 가리지 않는다
  보고서 **68** 가격 따라 바뀌는 지구인의 감상

4 오로라의 숨겨진 재능 ······ 71
외계인의 눈에만 보이는 지구의 아름다움
보고서 69 지구인에게는 보편적인 미의 기준이 있다

5 사랑, 사랑, 사랑! ······ 89
지구인들이 좋아하는 지구인
보고서 70 지구인들은 언제나 사랑을 노래한다

6 고대 쿠르르 여왕의 비밀 ······ 103
지구인은 때때로 과거 여행을 떠난다
보고서 71 예술이 지구인에게 특별한 이유

7 할머니의 소중한 기억 ······ 121

펴내는 글

<인간 탐구 보고서>를 시작하며

다시 새로운 모험이 시작되었네요

아우레 행성에서 온 지구 탐사대 라후드 일당이 인간들을 만나 좌충우돌 우여곡절을 겪으면서 인간을 이해해 가는 모험담이 10권으로 마무리되었고, 이제 새로운 모험이 시작되었습니다. 지금까지 '인간 탐구 보고서'를 아껴 주신 모든 분께 진심으로 감사드립니다. 그리고 새로운 모험을 설레는 마음으로 지켜봐 주실 어린 독자 여러분께 다시 한번 감사드립니다.

지구에 남은 라후드와 오로라 그리고 지구를 독차지하려는 루나에겐 앞으로 어떤 일들이 펼쳐질까요? 아우레로 돌아간 외계인들과 지구인을 우리는 앞으로 영영 보지 못하는 것일까요? 주름을 펴기 위해 샤포이 행성을 찾아 떠난 보스가 어떤 모습이 되었을지 무척 궁금한데, 우리는 다시 그를 볼 수 있을까요? 앞으로 10권 동안 진행될 시즌 2에서는 훨씬 더 흥미로운 모험담이 기다리고 있으니 즐겨 주시길 바랍니다.

청소년들에게 '호모 사피엔스 뇌의 경이로움'을 일깨워 주었으면

저는 여전히 어린이와 청소년들이 반드시 알아야 할 학문이 있다면, 그것은 '우리들에 대한 과학'이어야 한다고 생각합니다. 우리 인간이 왜 이렇게 행동하고 생각하는지 '마음의 과학'을 일러 주어야 한다고 말입니다. 어린 시절 우리가 무척 궁금해하고 고민하는 대부분의 것들은 바로 나와 가족, 친구들 그리고 이웃들의 마음에서 비롯된 것들이니까요.

'인간 탐구 보고서'를 통해 여러분들은 외모에 지나치게 신경 쓰고, 무언가를 자주 잊어버리고, 하루에도 몇 번씩 감정의 롤러코스터를 타며, 사춘기의 열병을 앓았던 인간 친구들의 모습을 보았습니다. 엉망진창의 선택을 하고 불안한 마음 때문에 미신인 줄 알면서도 믿고 심지어 거짓말도 곧잘 하는 인간의 모습도 배웠습니다. 라후드 같은 외계인들의 관점에서 바라보니, 인간들을 정말 이해하기 힘든 동물이었지요?

어린이들에게 마음의 과학을

'인간 탐구 보고서'를 통해 여러분들은 '마음을 탐구하는 학문'인 뇌과학과 심리학을 조금씩 배우고 있습니다. 지난 150년간 신경과학자들과 심리학자들은 '인간 뇌가 어떻게 작동하여 마음이란 걸 만들어 내는지' 꽤 많은 걸 밝혀냈는데, 이 책은 여러분들이 이해할 수 있는 언어로 과학자들이 밝혀낸 '인간 마음에 대한 모든 것'을 들려 드리기 위해 썼습니다. 이 책을 통해 나는 누구이며, 우리는 어떤 존재인지, 인간 사회는 왜 이렇게 돌아가는지, 진짜 유익한 지식들을 배워 나가길 바랍니다.

초등학생이었던 저희 딸들도 뇌과학을 이해했으면 좋겠다는 마음으로 처음 '인간 탐구 보고서'를 쓰기 시작하였는데, 이 책은 이제 세상의 모든 아들과 딸들을 위해 '어린이와 청소년들을 위한 뇌과학' 책으로 성장하고 있습니다. 2010년 무렵부터 준비된 이 책이 2019년 처음 세상에 선보인 이래 벌써 10권이나 출간되었다니 마음이 벅차오릅니다. 바라건대, 이 책이 혼란스러운 어린 시절과 고민 많은 사춘기를 관통하게 될 모든 10대들에게 '나에 대한 친절한 가이드북'이 되었으면 합니다. 뇌과학과 심리학이 그들을 유익한 방황과 진지한 성찰로 인도해 주길 소망합니다.

인간의 일상을 낯설게 관찰하기

이 책의 가장 큰 매력은 외계인의 시선으로 인간을 탐구하고 있다

는 것입니다. 아우레 행성으로부터 지구로 찾아온 외계 생명체 아싸, 바바, 오로라, 라후드가 겪게 되는 좌충우돌 모험담이 무척이나 흥미롭지요. 우리 인간들을 물리치고 지구를 점령할지, 인간들과 공존하며 지구에서 함께 살지 알아보기 위해 인간을 탐구하며 보고서를 송신하는 그들은 우리와 어느새 닮아 가고 있습니다.

어린 독자들은 이 책을 펼치면서 외계인의 시선으로 인간을 바라보는 낯선 경험을 하게 됩니다. 아싸와 아우레 탐사대처럼 인간을 관찰한 후 '탐구 보고서'를 아우레 행성으로 보내는 과정에 함께 참여할 것입니다. 이 과정을 통해 어린이와 청소년들이 우리들의 평범하고 당연한 일상을 낯설게 바라보는 경험을 하게 되길 바랍니다. 마치 우리가 곤충을 관찰하고 기록 일기를 쓰듯이, 인간의 일상을 관찰하고 탐구 보고서를 쓰면서 우리를 돌아보길 희망합니다.

인간이라는 사랑스럽고 경이로운 생명체

저는 이 책을 읽으면서 어린 독자들이 우리 인간들을 비로소 '이해'하고 덕분에 더욱 '사랑'하게 되리라 확신합니다. 외계 생명체 라후드처럼 '인간은 정말 이해 못 할 이상한 동물'이라고 여겼다가, 우리들을 더욱 이해하게 될 것입니다. 아싸와 아우레 탐사대가 그렇듯, 우리 어린이들도 이 책과 함께 인간 존재의 신비로움을 깨닫게 될 것입니다. 그러면서 결국 외계 생명체 아우린들이 '인간이 얼마나 사랑할 만한 존재'인지 알아주었으면 합니다. 때론 감정적이고 비합리적이며 종종 충동적이고 가끔 폭력적이기까지 한 존재이지만, 인간 내면의 실체를 알게 되었을 때, 우리 호모 사피엔스가 얼마나 사랑스러운 존재인지 깨달았으면 좋겠습니다. 아우레 행성의 외계 생명체들이 제발 우리를 지배하려 하지 말고, 우리 인간들의 사랑스러운 매력에 빠져주길 바랍니다. 무엇보다도, 인간의 뇌는 이성과 감성이라는 두 말이 이끄는 쌍두마차로서, 우리가 사는 세상을 좀 더 근사한 곳으로 만들기 위해 끊임없이 애쓰는 경이로운 기관임을 아우린들과 어린 독자들이 알아주었으면 합니다.

인간의 숲으로 도전적인 탐험을!

인간이 어떤 존재인지 모두 알게 되는 그날까지, 라후드와 아우레 탐사대의 '인간 탐구 보고서'는 계속될 것입니다. 호모 사피엔스의 뇌가 가진 경이로운 능력, 사랑스러운 매력이 외계 생명체들에게 충분히 이해될 때까지 보고서는 결코 멈추지 않을 것입니다. 그 과정에서 우리 어린 독자들 또한 인간에 대한 이해가 더욱 깊어지겠지요? 외계

  생명체 아우린들이 흥미롭게 써 내려간 '인간 탐구 보고서'에서 어린이들과 청소년들이 나를 발견하는 놀라운 경험을 하게 되길 진심으로 기대합니다. '인간 탐구 보고서'는 지구를 지배하기 위해 아우레 행성의 정복자들이 작성한 무시무시한 보고서가 아니라, 인간이라는 숲을 탐색하는 외계 탐험가의 애정 어린 편지이니까요.

  자, 이제 다시 한번 외계인의 마음으로 인간 탐험을 흥미롭게 즐겨 주시길!

정재승 (KAIST 뇌인지과학과+융합인재학부 교수)

등장인물

아우레 유일의 지구 문명 전문가.
이번에는 지구인 실버와 함께 과거로 가는
타임머신에 탑승한다. 그 시간 여행의 끝에는
놀라운 비밀이 기다리고 있다.

라후드

책임감 강한 아우레의 탐사대장.
시끄럽고 정신없는 지구인들이 만든 예술에서
알 수 없는 조화와 아름다움을 느낀다.
군인보다 예술가가 적성에 맞았나……?

오로라

밝고 모험심 넘치는 호리호리 행성의 아로리인.
이마에 나 있는 더듬이 두 개가 매력 포인트다.
집안 대대로 내려오는 소중한 물건을 찾으러
지구까지 왔다.

도됴리

에이에이

최근 이별한 지구인. 익숙한 사랑 노래만 들어도 그녀가 생각난다. 전 여친의 남스타그램에서 환하게 웃는 그녀를 발견하고 또다시 상처받는다.

집사

보스 저택 쿠르르섬 지점을 관리하는 집사. 예술가의 이름에 따라 작품에 대한 감상평이 극과 극으로 나뉘는, 평범한 지구인.

실버

쿠르르 박물관의 단골 방문객. 작품들을 보고 있으면 조상과 연결되는 것 같아 마음이 편안해진다. 박물관의 새 유물에 관심이 많다.

원스

쿠르르 박물관의 열정 넘치는 큐레이터. 이번 전시는 거대한 석상에 특별한 왕관까지 준비했다. 박물관에 사람들이 몰려들면 어떡하지? 으흐흐.

프롤로그

이 시각
편의점에서는

1

새로운 외계인의 등장

잃어버린 탐험가의 유산을 찾아서

외계인이 나타났다.

아우린들은 지구에서 처음으로 다른 행성의 외계인을 마주쳤다.

라후드는 왈칵 반가움이 앞섰다. 외계 문명 탐험가 라후드는 늘 다른 행성의 외계인이 궁금했으니까.

하지만 곧 '지금이 아니라면 더 좋았을걸.' 하는 지구인이 느낄 만한 아쉬운 감정이 들었다. 아우레 탐사대는 현재, 공식적인 지구 탐구 임무를 끝내고 귀환 우주선을 기다리며 쉬는 중이었다. 새로운 탐구를 시작하기에는 너무나도 적당하지 않은 때였다.

오로라는 외계인이 전혀 반갑지 않았다. 오로라에겐 탐사대의 대장으로서 지구를 떠나는 그날까지 대원을 안전하게 보호할 책임이 있다. 그 책임감 때문에 라후드를 지키기 위해 귀환 우주선까지 포기했고, 지금 안 해도 될 고생을 하고 있다.

그런데 새롭게 나타난 이 외계인이 오로라의 임무를 방해하고 있다. 지구인 슈트도 없이 시끄럽게 떠들면서.

오로라와 라후드는 최선을 다해 외계인과의 싸움을 조용히 이어 갔다. 고요한 다툼이 절정에 이르고 겨우 외계인을 제압한 순간, 저택에서 지구인의 외침이 들려왔다.

"밖에 누구 있어요?"

귀 밝은 집사의 목소리였다.

라후드는 황급히 거짓말을 했다.

"아무것도 아녜요! 산…… 산책하다가 넘어졌어요."

"아유, 라후드 씨는 이 야밤에 무슨 산책을. 조심하세요~."

하마터면 외계인들의 모습을 들킬 뻔했다. 아우린들은 잠시 정신을 잃은 외계인을 보며 지구인 같은 한숨을 푹 내쉬었다.

오로라와 라후드는 쓰러진 외계인을 저택의 지하 방으로 데려갔다.

외계인은 드디어 알아들을 수 있는 문장을 말했다.

"이제야 머리가 제자리를 찾았군. 너흰 아우린이야? 난 도됴리. 호리호리 행성에서 왔다. 아까는 오해가 있었던 모양인데, 난 지구를 침략할 계획이 없어. 아로리인은 평화와 모험을 사랑하거든."

아우린들은 고개를 끄덕였다. 그도 그럴 것이, 아로리인들은 예로부터 모험심이 넘치는 것으로 유명했다. 이들은 우주왕복선이 개발되기 전부터 다른 은하, 다른 행성으로 거침없이 탐험을 떠났다. 돌아올 방법이 없는데도, 탐험 기록을 남길 메모리 링 하나만 덜렁 들고서 떠나 버렸다.

도됴리의 할머니인 쿠루도 오래전 우주의 변방인 우리은하로 모험을 떠났다.

　태양계로 떠난 쿠루 할머니는 모두의 예상대로 영영 돌아오지 못했다. 수천 년 뒤 호리호리 행성의 과학 기술이 발전하여 웜홀 왕복 여행이 가능해지자, 호리호리 행성의 외계인들은 조상 탐험가들이 남긴 메모리 링을 회수하러 다녔다. 회수 임무는 각 탐험가의 자손이 맡았다.
　쿠루의 자손인 도됴리도 할머니가 남긴 메모리 링을 찾으러 우리은하 태양계의 붉은 행성, 화성으로 갔다.

　"쿠루 할머니는 비상 추진 로켓을 이용해 다른 행성으로 떠난 것 같았어. 어디였을까?"

　도됴리는 라후드와 오로라를 보며 물었다. 오로라는 관심이 없었지만 라후드는 정답을 맞히고 싶어서 머리를 굴렸다.

　"태양계의 다른 행성이라면…… 지구?"

　"그래, 맞아! 생명이 살 수 있는 가까운 행성, 바로 여기 지구야."

"확실해?"

라후드가 눈을 반짝반짝 빛내며 물었다. 도됴리는 자신이 앉아 있는 의자 바로 밑을 가리키며 소리쳤다.

"응. 바로 여기, 지구의 쿠르르섬에서 메모리 링 신호를 포착했어."

"오! 그럼 메모리 링 같이 찾자. 쿠르르섬은 내가 잘 알거든. 대신 링을 찾으면 쿠루의 탐험 기록을 내게도 보여 줘."

하지만 오로라는 불청객을 빨리 쫓아내고 싶었다. 오로라는 양쪽 눈으로 라후드와 도됴리를 동시에 노려보며 말했다.

"라후드, 외계 문명 탐구 임무는 종료되었다. 도됴리, 메모리 링을 찾는 즉시 이곳을 떠나라."

오로라는 무척 당황했지만 듣고 보니 도됴리의 말이 맞았다. 오로라는 정중하게 다시 말했다.

"어서 메모리 링 신호를 찾아 주겠나……? 명령 아니고 부탁이다."

도됴리는 이마에 삐죽 솟은 젤리 안테나 더듬이를 흔들거리며 말했다.

"알았어. 그럼, 이제 메모리 링을 한번 찾아 보……."

라후드는 손사래를 치며 반대했지만 도됴리는 단호했다.

"나는 평화적인 외계인이야. 지구인 멸종에 기여하지 않으니, 지구인도 나를 해치지 않을 거야. 나는 지구인을 믿어."

외계인 연구소에서 무슨 일이 벌어지는지 모르는 외계인만 할 수 있는 무모한 발언이었다.

"그건 네 생각이고, 지구인들은 외계인 싫어해. 그러니까 정체를 들키지 않게 지구인처럼 변장해야 해. 그것도 아주 잘 변장해야 한다고. 내가 완벽한 지구인의 모습을 갖추기까지 얼마나 많은 우여곡절을 겪은 줄 알아?"

라후드는 자신의 지구인 변장 비법을 자세히 설명했다. 슈트가 몸에 꽉 끼지 않을 것, 나쁜 짓을 저지른 사람의 모습은 피할 것, 곱슬머리와 동그란 코로 지구인의 마음을 사로잡을 것 등등 비법이 쏟아져 나왔다. 도됴리는 시큰둥하기만 했다.

2

이왕이면 예쁜 걸로

지구인의 감각이 초예민해지는 때

　예술 시장은 쿠르르 예술 축제 기간에만 열리는 특별한 시장으로, 예술가들이 손으로 직접 만든 물건만 팔았다. 그래서 예술 시장은 지구상에 단 하나뿐인 물건을 사러 온 사람들로 북적거렸다. 쇼핑을 좋아하는 지구인들은 이 특별한 시장을 구경하는 것만으로도 즐겁고 행복했다.

　하지만 질서를 중시하는 외계인 오로라에게 시장은 혼돈 그 자체였다. 지구인과 지구인의 물건으로 꽉 찬 시장에 들어서자 임무를 향한 오로라의 자신감은 사그라들고 말았다.

　"높은 이성의 아우린에게 지구인의 쇼핑 임무 같은 건…… 너무 어렵군."

"오로라, 왜 이제 왔어? 한참 기다렸잖아."

그때 지구인들 속에서 라후드가 튀어나왔다. 보스 저택의 지하 방에서 도됴리를 지키고 있어야 할 라후드였다.

"라후드, 도됴리 감시 임무는?"

"도됴리는 깊은 휴식 중이야. 오로라의 쇼핑 임무를 보조하려고 지하 방은 삼중 잠금장치를 꽁꽁 잠가 놓고 나왔지. 지구 문명 전문가가 쇼핑 임무에 빠질 수 없잖아."

라후드는 콧노래를 부르며 말했다.

"서두르자. 늦으면 예쁜 게 다 팔린대."

오로라는 아우린의 안전을 위해 라후드를 도됴리 감시 임무로 돌려보내야 했지만, 의외의 과감한 결정을 내렸다.

　오로라와 라후드는 지구인이 변장을 할 때 방문한다는 코스튬 상점에 도착했다. 상점에는 지구인, 지구 동물, 지구 식물, 지구인이 상상한 생물 또는 지구에서 이미 멸종한 생물 등 지구의 모든 것으로 변신할 코스튬이 주렁주렁 걸려 있었다. 딱 하나, 오로라가 원하는 것만 없었다.

　"눈에 잘 안 띄도록 해 줄 코스튬 있습니까?"

　"아, 투명 망토요? 과학자들이 메타 물질 어찌고 하는 걸로 만들었다던데……. 여긴 손으로 직접 만든 의상만 팔아서 그런 건 없어요. 전 과학자가 아니라 의상 디자이너거든요."

의상 디자이너와의 일차 대화 시도는 실패했다. 오로라는 낮은 이성의 지구인이 충분히 알아들을 수 있게 설명했다.

"투명 망토가 아니라, 여러 번 마주쳐도 주위 사람들이 절대로 기억하지 못할 만큼 지구인의 평균 외모와 평균 옷차림, 평균 머리 모양에 가까운 의상과 가발을 찾습니다."

"그러니까 아주 평범한 사람처럼 변신하고 싶은 거예요?"

디자이너는 그제야 오로라의 말을 이해했다. 어려울 것으로 예상했던 쇼핑 임무는 수월하게 완수될 것 같았다. 오로라는 지갑을 꺼내며 말했다.

"맞습니다. 그거 주세요. 얼마입니까?"

"예끼, 이 사람아. 그런 코스튬을 왜 입어요? 그냥 다니면 되지. 코스튬은 눈에 띄라고 입는 거예요. 평범한 차림은 손님 옷장에서 찾으시고, 여기서는 이왕 사는 김에 독특하고 예쁜 것으로 골라 보세요."

지구인들에게는 역시나 또 예쁜 것이 중요했다. 오로라는 퉁명스럽게 물었다.

"그럼 눈에 안 띄게 예쁜 걸로 주세요. 어떤 게 예뻐요?"

주인은 두 팔을 쫙 펼쳐 벽에 걸린 코스튬을 모두 가리켰다.

"전부 다~요. 제 눈에는 다 아름다워요. 제가 만들었거든요. 그래도 굳이 추천하자면…… 이게 좋겠군요."

"꽃처럼 예쁜 것만 아름다운 게 아니에요. 아름다움에는 여러 종류가 있어요. 독특한 개성이 드러나면 그것도 나름 아름답지요. 혹시 손님은 전통적인 예쁜 옷을 원하세요?"

디자이너는 먼 옛날의 공주가 입었을 법한 드레스를 오로라에게 건넸다. 걸을 때마다 분홍 반짝이가 우수수 떨어질 것만 같은 화려한 의상이었다.

디자이너는 오로라의 퉁명스러운 반응에 속이 팍 상해서 말했다.

"그것도 마음에 안 들어요? 어휴, 손님 의상은 손님이 고르세요. 아무리 보는 눈이 없어도 손님 눈에 예쁜 건 손님이 잘 아시겠죠. 사람마다 취향이 다르니까요."

외계인의 모습일 때 오로라의 눈은 네 개나 되었지만, 지구인들에게는 또 다른 '보는 눈'이 필요한 모양이었다.

한편 라후드는 지구인의 특이한 의상을 구경하는 데 푹 빠져 있었다.

쇼핑 임무는 성공적으로 끝났지만, 라후드는 예술 시장을 떠나고 싶지 않았다. 시장에는 구경하고 싶은 가게가 많았다.

라후드는 돌아가자고 재촉하는 오로라의 눈치를 보며 가게들을 기웃거렸다. 그러다 도자기 가게 앞에서 집사와 슈슈를 만났다. 두 사람은 꽃병을 앞에 두고 화기애애하게 이야기를 나누고 있었다.

침을 튀겨 가며 꽃병의 외모를 칭찬하던 집사와 슈슈가 동시에 외쳤다. 꽃병은 하나인데 사겠다는 사람은 둘이었다. 도자기 가게 주인이 난처한 듯 물었다.

"누, 누가 먼저 고르셨나요?"

집사와 슈슈는 동시에 손을 번쩍 들었다.

두 사람은 서로를 잡아먹을 듯 무섭게 째려보았다. 지구인 전문가인 라후드는 이 '눈빛'이 다툼의 시작이라는 사실을 알았다. 다음은 입으로 내뱉는 험한 말, 그다음은 근육을 이용해 한껏 뿜어내는 힘.

라후드는 지구의 평화를 위해 도자기 가게에 다른 꽃병들이 많다는 사실을 알려 주었다.

라후드의 착각이었다. 지구인들은 평소에는 감각이 둔하지만, 외모를 판단할 때만큼은 미세한 차이도 구별하는 초능력을 발휘했다. 거기다 오로라까지 정확한 분석을 보탰다.

"맞다. 크게 보면 둥근 모양이지만 각도가 미세하게 다르고 같은 흰색이라도 명도와 채도에 근소한 차이가 있다."

"이분은 보는 눈이 있으시네. 이 조그만 차이가 다른 감동을 자아내지요."

도자기 작가가 오로라를 보며 덧붙였다.

"보는 눈 정확하신 분이 누가 먼저 도자기를 골랐는지 판단해 주실래요?"

집사는 저택에 돌아오자마자 새로 산 꽃병을 부드럽게 닦고, 정원에 핀 멀쩡한 들국화를 꺾어 꽃병에 꽂았다.

"와, 예상대로 잘 어울려. 정말 예술이야."

집사는 환하게 웃었다. 라후드가 본 미소 중 가장 밝았다.

라후드는 지구인의 쇼핑에 관한 새로운 사실을 알았다. 지구인들은 보통 필요한 물건을 싼 가격에 사려고 하지만 예술품에는 다른 기준을 적용했다.

"예술품은 쓸모와 상관없이 사람을 웃게 하는 물건이군."

그 사실을 알고 보니 집사를 행복하게 만든 도자기 꽃병이 조금 특별해 보였다.

"도도리도 집사처럼 감동할까? 예쁜 걸 좋아한다니까."

라후드는 지하 방의 잠금장치를 풀고 방문을 활짝 열었다.

지구인은 아름다움에 중독됐다

작성자: 라후드

★ 지구에서 처음으로 다른 행성의 외계인을 만남. 이름은 도됴리. 호리호리 행성인. 지구를 정복하러 온 줄 알았으나, 먼저 지구에 왔었던 할머니의 메모리 링을 찾는 것이 목적이라고 함. 지구에 또 다른 외계인이 있을지 늘 궁금했는데, 있었음. 과거에도 현재에도!

★ 도됴리의 놀라운 점은 오로라에게 대적할 만한 논리력과 무술 실력을 지녔다는 것. 호기심도 많아서 꽤 마음에 듦. 아우린들이 오기 전까지 친하게 지내고 싶음.
(오로라에겐 절대 절대 비밀임!)

★ 쿠르르섬은 예술 축제 때문에 매우 소란스러워졌음. 지구인들은 이런 소란을 오히려 즐기며 예술품을 감상하고 구매하는 데 적극적인 모습을 보임. 먹지도 입지도 못하는 '예술 작품'이라는 것을 대하는 지구인들의 태도는 매우 흥미로움.

★ 변신 슈트가 없는 도됴리를 위해 지구인 변장 물품 구매를 성공적으로 마침. 그러나 이 옷들을 입을 도됴리가 사라짐! 삼중 잠금장치를 해 두었는데 어떻게 빠져나간 건지 모르겠음. 얼른 도됴리를 찾아야 함. 아주 긴급한 상황!

지구인은 예술에 둘러싸여 산다

- 외모를 매우 까다롭게 관찰하는 지구인들의 판단 기준이 아름다운 물건을 고를 때 가장 강력하게 발휘됨. 지구인들은 아름다운 걸 매우 좋아하고 예쁘면 '그냥 두고 보기 위해서' 필요 없는 물건을 사기도 함.
- 지구인들은 아름다움을 직접 창조하기도 하는데, 이를 '예술'이라고 부름. 그림을 그리고 조각을 하고, 음악을 작곡하는 등 그 형태는 매우 다양함. 취미로 창작 활동을 하는 사람도 있음. 생존에 아무 쓸모도 없지만 그저 즐거워서 하는 것.
- 예술가들이 만든 작품 중 가치를 인정받은 것은 어마어마하게 비싼 값에 거래됨. 박물관이나 미술관에서 철저한 감시를 받으며 전시되고 이것들을 보려면 입장료를 내야 함. 지구인들은 인터넷으로도 충분히 볼 수 있는 작품들을 직접 보기 위해 먼 길을 달려와 돈을 내고 작품을 감상함. 지구인들은 예술에 시간과 돈을 투자하는 데 아낌이 없는 편.

아름다움은 지구인을 행복하게 만든다

- 지구인들은 좋아하는 가수의 음악은 질릴 때까지 수백, 수천 번 반복해서 들음. 그래도 질린다고 하지 않음. 마음에 드는 영화는 두 번, 세 번 보며 대사를 줄줄 외우기도 함.
- 지구인들이 예술에 집착하는 이유는 작품에 표현된 아름다움이 지구인을 기쁘게 하기 때문. 이를 확인하기 위해 세미르 제키라는 뇌과학자가 실험자들에게 여러 미술 작품을 보여 주며 뇌 반응을 측정한 결과, 작품을 아름답다고 느낄 때 실험자들의 뇌에서는 '내측 안와전두피질'이 활성화됨.

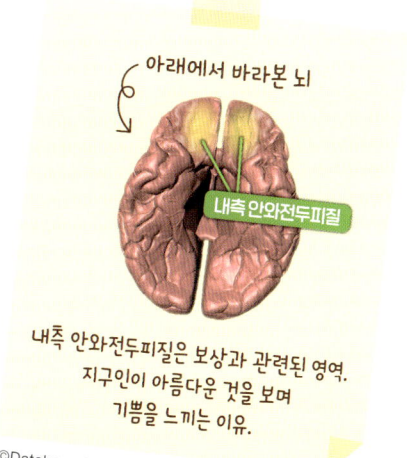

내측 안와전두피질은 보상과 관련된 영역. 지구인이 아름다운 것을 보며 기쁨을 느끼는 이유.

©Database Center for Life Science / Wikimedia Commons

© IKB 191, monochromatic painting by Yves Klein / Wikimedia Commons

- 하지만 지구인들은 변기통이나 심지어 똥이 담긴 캔, 그저 파랗게 칠만 한 그림도 예술이라고 부름. 징그럽거나 공포를 불러일으키는 작품, 눈물이 줄줄 흐를 만큼 슬픈 작품들도 예술의 범주에 들어감. 예술의 기준은 너무나 모호해서 지구인들 사이에서도 논란이 많음. 확실한 건 예술이 지구인에게 아주 복잡하고 다양한 감정을 선사한다는 것임.

지구인에게 아름다움이란 대체 뭘까?

©Taj Mahal, Agra, India by J. A. Knudsen / Wikimedia Commons

인도의 타지마할은 외계인의 눈으로 봐도 아름다운 지구의 건축물이다. 인도 무굴 제국의 황제인 샤 자한은 건물이 완성되자 타지마할을 설계한 건축가와 기술자들의 목숨을 빼앗고, 동원된 모든 인부들의 손목을 잘라 버렸다. 다시는 이보다 아름다운 건축물을 짓지 못하게 하기 위해서였다. 아름다움을 향한 지구인의 집착은 끔찍하고도 대단하다.

3
낙서와 예술 사이

지구인의 예술은
시간과 장소를 가리지 않는다

한가한 오후, 비아는 벽에 스프레이를 칠하는 하얀 가면 아저씨를 만났다. 그림을 그리는 중이라는 아저씨는 즐거워 보이기도 하고 자유로워 보이기도 했다.

"같이 그리자."

하얀 가면이 비아에게 연두색 스프레이 물감을 내밀었다. 비아가 제일 좋아하는 색깔이었다. 비아는 저도 모르게 스프레이를 받아 들었다.

"저 같은 아이가 그려도 예술이에요?"

"그럼, 예술과 나이는 상관없어."

비아는 조금 망설이다가 가장 좋아하는 동물을 그렸다.

스프레이를 뿌리기 시작하자 비아는 그리고 싶은 것들이 마구 떠올랐다. 조랑말, 무지개, 공룡……. 그중에서도 비아는 거북이 제일 좋았다.

"옛날에는 우리 섬에 거북이 많이 살았대요. 엄마 거북이 알을 낳으러 오기도 했다는데, 이젠 안 와요. 다시 오면 아기 거북도 볼 수 있을 텐데……."

비아의 말을 들은 하얀 가면은 거북이 그림 옆에 작은 점을 하나 찍었다. 그 점이 선이 되고, 선은 면이 되어 멋진 그림을 탄생시켰다.

 비아는 그림으로 가득 찬 벽을 가만히 바라보았다. 화려한 색깔 덕분인지, 비아가 좋아하는 거북 덕분인지 몰라도 을씨년스럽던 뒷마당에 활기가 도는 느낌이었다. 비아는 얼른 엄마에게 멋진 그림을 보여 주고 싶었다.
 "엄마, 저택 뒤쪽 벽에 그림, 아니 예술 작품이 생겼어요. 엄청 멋있어요."

집사는 눈이 휘둥그레지더니 곧 버럭 화를 냈다.

"에엥? 누가 우리 담벼락에 낙서를 했다고? 안 그래도 예술가들 때문에 골치가 아픈데, 낙서까지?"

예술 축제가 시작되고, 보스 저택에 예술가들이 찾아올 때까지만 해도 집사는 기대에 부풀었다. 집사는 스스로를 예술 애호가라고 생각했다. 그래서 저택에 찾아온 예술가들을 보는 것만으로도 감동이 차올랐다.

하지만 상상력이 풍부한 이들답게, 예술가들은 창의적이고 기발한 방식으로 저택을 엉망으로 만들었다. 놀고 쉬고 노래하고 춤추고, 그러다 무언가를 깨고 떨어뜨리고 망가뜨렸다. 집사가 아무리 쓸고 닦아도 끝이 없었다.

예술가들이 보스 저택을 점령한 지 이틀 만에 집사는 진저리가 났다. 예술가들을 다 쫓아내고 싶은 심정이었다.

그런 예술가들이 이번에는 보스 저택의 벽을 망쳤다고? 사고는 예술가들이 치고, 저택 관리를 잘못한 죄로 해고는 집사가 당할 텐데?

"보자 보자 하니까 진짜!"

집사는 벌떡 일어나 뛰쳐나갔다. 함께 차를 마시던 실버와 에이에이도 따라 나갔다. 그중 담벼락의 그림을 마음에 들어 한 이는 아무도 없었다.

"바빠 죽겠는데, 정말! 으아악!"

집사는 안으로 들어가 청소 솔과 물통을 챙겨 나오며 소리쳤다. 비명 소리를 듣고 오로라가 담장 쪽으로 뛰어왔다. 다행히 외계인 도토리를 보고 놀란 인간들의 비명은 아니었다.

"오로라 씨, 이것 좀 봐요. 누가 저택 벽을 엉망으로 만들었어요. 제가 다 해결할 테니 행여라도 보스한테 이르지는 마세요. 설마 보스가 위성 사진으로 벌써 보진 않았겠죠? 저택을 망쳤다고 쫓아내진 않겠죠?"

집사는 오로라를 보자마자 호들갑 떨며 하소연을 했다.

"저는 모릅니다. 해고 결정은 보스의 일이니까요."

오로라의 말에 집사의 얼굴이 새하얗게 질렸다.

"그래서 이른다고요? 너무해요."

"아니요. 이르는 건 제 임무가 아니에요."

집사는 오로라의 대답을 듣고 안도의 한숨을 한 번, 담벼락의 그림을 보고 분노의 한숨을 또 한 번 내쉬었다.

오로라는 벽을 살펴보았다. 무너진 데도 없고 구멍 난 데도 없었다. 오로라는 두 팔로 벽을 힘껏 밀었다. 벽은 튼튼하게 버텼다. 한마디로 벽은 예전과 마찬가지로 멀쩡하고 튼튼했다. 문제는 없어 보였다.

"집사님, 저택의 어느 부분이 망가졌나요?"

집사는 눈을 흘기며 대답했다.

"낙서로 뒤덮여서 꼴 보기가 싫어졌잖아요."

'꼴 보기 싫다'는 '예쁘지 않다'는 뜻이다. 지구인들은 하다 하다 건물 벽의 외모마저 따졌다. 게다가 오로라의 눈에는 그림이 꼴 보기 싫지도 않았다. 채도가 높은 색깔은 튀었지만, 주변 환경과 묘하게 조화를 이루었다.

'잿빛 먼지로 가득한 아우레에도 어울리겠다.'

저도 모르게 떠오른 생각에 소스라치게 놀란 오로라는 집사의 손에서 청소 솔을 빼앗았다.

"이 낙서는 없애는 게 맞겠어요."

"도와주시게요? 먼저 물부터 뿌릴게요."

집사가 양동이의 물을 막 뿌리려는 순간이었다.

"이 훌륭한 작품에 왜 물을 뿌려요? 절대 안 돼요."

느닷없이 나타난 사람은 쿠르르 박물관의 큐레이터, 윈스였다. 집사는 윈스를 담장 낙서범으로 의심했다.

"당신이에요? 우리 저택에 낙서를 한 사람이? 남의 집에 마음대로 그림을 그리면 안 되죠. 당장 지워요!"

집사는 오로라에게서 청소 솔을 뺏어 윈스에게 쥐어 주었다. 윈스는 솔을 든 채로 두 팔을 쫙 펼쳐 벽을 보호했다.

"이 작품을 제가 그린 것 같나요? 제가 그림을 좀 잘 그리게 생기긴 했죠. 온몸에서 막 예술가의 향기가 폴폴 풍기고 그러니까요. 그런데 안타깝게도 이건 제 작품이 아니에요."

"그럼 범인이 누구예요?"

"제로 님이요."

"제로? 그게 누구예요? 어디 있어요? 당장 찾아서 담벼락 청소를 시켜야지."

씩씩거리는 집사를 보고 윈스는 고개를 절레절레 저었다.

"뭘 모르시네요. 이건 세계에서 가장 유명한 그라피티 작가, 제로 님이 그린 아름다운 그림이에요. 제로 님은 예술 축제에 찾아와 몰래 멋진 그라피티를 그린 다음 자신의 남스타그램에 올리거든요. 진품임을 확인할 수 있게요. 이거 보세요."

윈스는 제로의 남스타그램을 보여 주었다.

보스 저택에 제로의 그라피티가 있다는 소문은 삽시간에 퍼졌다. 저택으로 몰려든 사람들은 우연히 만난 유명 작가의 작품을 각자의 방식으로 즐기고 SNS에 공유했다. 덕분에 보스 저택도 유명해질 위기에 처했다.

"본부가 노출되면 안 된다!"

오로라가 허둥대며 지구인들을 막고 있던 그때, 멀리서 라후드가 달려와 오로라에게 청천벽력 같은 소식을 전했다.

가격 따라 바뀌는 지구인의 감상

작성자: 오로라

★ 보스 저택이 예술가들에게 점령당함. 안 그래도 지구인들로 북적대는 곳에 더 많은 지구인들이 들어찬 것. 이제 임시 본부에 거주하는 지구인은 총 열한 명. 탐사대 기지로서의 역할은 불가능한 수준.

★ 지구인의 예술에 대한 열정은 때와 장소를 가리지 않음. 도시에서도 벽에 낙서 같은 그림을 그리는 지구인들이 있었는데, 축제 기간 동안 보스 저택 역시 이런 지구인의 공격을 받음. 저택의 벽은 순식간에 낙서로 뒤덮임.

★ 저택 벽에 그림을 그린 이는 유명 예술가인 것으로 밝혀짐. 그는 얼굴을 알리지 않고 활동하는 예술가로, 몰래 벽에 그림을 그리고 도망가는 것을 직업으로 삼음. 지구인들은 신비주의 화가라며 매우 열광함.

★ 문제는 이 유명한 그림을 보기 위해 지구인들이 저택으로 몰려들기 시작했다는 것. 심지어 지구인들은 저택 담벼락 사진을 SNS에 올려서 전 세계에 소문을 퍼뜨리고 있음. 임시 본부의 벽을 파괴하는 것과 본부의 위치를 옮기는 것 중 무엇이 더 나은 선택인지 고심하고 있음.

감상도 옆 지구인 따라 가는 지구인

- 지구인들은 자신의 생각을 정말 많이 얘기하는 편. 책이나 영화를 보면 그 내용과 의미를 토론하고, 음식을 먹으면 음식의 재료와 요리법, 음식이 담긴 식기까지 평가함. 그림을 보거나 음악을 들을 때도 마찬가지. 지구인들 사이에서는 전문적으로 감상평을 남기는 평론가란 직업도 존재함.

- 이러한 감상은 주변 요인에 따라 달라질 수 있음. 유명 작가가 그렸다거나 평론가들이 극찬했다는 소리를 들으면, 평범하게 생각하던 그림도 대단하다고 느낌. 작품 뒤에 숨겨진 이야기, 예술가의 생애, 가격, 주변인들의 의견에 따라 감상이 이리저리 바뀌는 것.

- 그림을 그린 사람이 누구냐에 따라 지구인의 반응이 어떻게 달라지는지는 간단한 실험으로도 금세 확인할 수 있음. 덴마크의 심리학자 울리크 커크가 참가자들에게 '미술관 소장 작품'과 '컴퓨터가 만든 작품'이라고 써 붙인 그림들을 보여 주었음. 참가자들은 미술관 소장 작품에 더 큰 호감을 나타냄. 사실 그 그림들은 모두 미술관 소장 작품이었음!

© painting, oil on canvas (2019) by Ktin / Wikimedia Commons

- 오늘 나의 기분이 어떤지, 언제 어디서 작품을 보는지, 얼마나 기대치가 높은지 등 다양한 요소가 지구인의 감상을 바꿈. 따라서 지구인들은 같은 작품을 보고도 각각 다른 평가를 내리며, 그 평가 또한 계속해서 바꾸는 경향이 있음.

감상하는 지구인의 뇌에서 일어나는 일

- 작품을 감상하는 지구인들은 그저 작품 앞에서 몇 분 정도 가만히 서 있거나 작품을 뚫어져라 쳐다보기만 함. 그러나 지구인 과학자들의 말에 따르면, 감상하는 지구인의 몸은 가만히 있을지 몰라도 뇌는 매우 바쁘다고 함.

- 예술 작품을 감상하는 지구인의 뇌에서는 작품과 관련된 기억을 끌어내고 감정을 느끼고 예술가의 의도를 예측하는 아주 복잡한 과정이 일어남. 이는 평소 하지 않는 고등한 뇌 활동으로, 뇌의 전 영역이 활성화되어 정보를 주고받음.

- 감상을 할 때 지구인 특유의 상상력이 마구 발휘되기도 함. 제로의 그림을 예로 들면, 거북은 어디에서 왔는지, 어떤 기분인지, 내가 거북이라면 어떨지 같은 질문들을 하며 작품의 빈 부분을 채워 넣음. 뇌과학자들은 감상자의 뇌에서 일어나는 일이 작품을 만드는 창작자의 뇌에서 일어나는 일과 거의 동일하다고 말함.

지구에서 이 그림이 유명한 이유

지구인들이 어떤 물건을 보면 볼수록 좋아하게 되는 현상을 '단순 노출 효과'라고 부른다. 몇몇 학자들은 지구의 유명 그림인 〈모나리자〉도 단순 노출 효과 덕분에 인기가 더 높아졌을 거라고 주장한다. '유명하다 → 눈에 띈다 → 호감도가 상승한다 → 더 유명해진다'의 과정이 반복되었다는 것. 그렇다면 외계인에게 자주 노출된 지구인들은 외계인을 더 좋아하게 될까?

4

오로라의
숨겨진 재능

외계인의 눈에만 보이는
지구의 아름다움

오로라와 라후드는 서둘러 저택의 지하로 뛰어갔다.

"도됴리를 잘 지켜보아야 했다!"

"분명 잘 잠그고 나왔는데……."

지하 방 앞에 도착한 오로라는 날카로운 눈으로 잠금장치를 살펴보았다. 잠금장치는 멀쩡했다. 누군가 드나든 흔적이 없었다. 도됴리가 증발을 했나?

벌컥! 오로라는 지하 방의 문을 열었다.

오로라는 조용히 라후드를 쏘아보았다.

"도됴리, 이제 정체를 들키기 전에 변장해라."

오로라는 지구인 변신 물품이 든 가방을 턱 하고 내려놓았다. 그런데 도됴리는 딴소리를 했다.

"아~, 그거! 내가 생각을 해 봤는데 말이야, 변장 안 할래! 왜냐하면, 이것 봐!"

도됴리가 보여 준 화면에는 루이의 웹툰이 띄워져 있었다.

오로라와 라후드는 눈을 휘둥그레 떴다. 아우린들이 떠난 후에도 루이는 여전히 외계인 이야기를 그리고 있었다. 라후드는 새롭게 업로드된 이야기를 읽고 감동을 받았다.

"루이 씨, 지금껏 애쓰고 있었구나! 날 기억하고 있었어!"

물론 외계인을 좋아하는 지구인은 존재한다. 루이의 웹툰 조회 수가 오르는 걸 보면, 아우린이 처음 지구에 왔을 때보다 그 수도 늘었다. 그러나 지구에는 여전히 외계인을 싫어하거나 두려워하는 사람들이 더 많다. 특히 외계인을 잡으려고 혈안이 된 우주국 비밀 요원! 그들에게 들키면 무슨 끔찍한 일을 당할지 모른다. 문제는 겉모습만 보고는 누가 비밀 요원인지, 누가 외계인을 좋아하는지 구별할 수 없다는 것.

　오로라는 이성적으로 지구의 현실을 설명했다.

　"그러니 적과 아군을 구별할 수 없을 때는 일단 정체를 숨긴다. 도됴리, 이제 지구인으로 변장해라."

　다음 날 아침, 도됴리는 지구인 변장을 마치고 등장했다.

도됴리의 외모는 그렇다 쳐도 행동은 정말 외계인과 다름없었다. 아우린들이 도됴리의 외모에 집착하다가 꼭 지켜야 할 기본예절을 알려 주지 않았기 때문이다. 지구인이나 할 법한 실수였다.

지구인들은 도됴리의 외모에 한 번, 행동에 또 한 번 놀라서 휘둥그레진 눈으로 도됴리를 쳐다보았다.

비아는 아예 벌떡 일어났다.

'지구인들을 제거해, 아님 그냥 외계인을 제거할까?'

오로라의 고민이 끝나기도 전에 비아가 신나게 박수를 치며 외쳤다.

"와! 도됴리 님은 예술가죠? 행위 예술가예요? 광장에서 접시 돌리기 할 거예요?"

비아의 착각이 외계인과 지구인을 한꺼번에 살렸다. 지구인의 어리석음이 이렇게 고마울 수 있다니! 오로라는 도됴리 대신 재빨리 대답했다.

"맞다. 도됴리 님은 행위 예술가다."

"재주가 대단하시네요!"

사람들은 고개를 끄덕이며 같이 박수를 쳤다.

지구인들이 예술가의 엉뚱한 말과 행동에 대해 관대해서 참 다행이었다.

아슬아슬한 아침 식사가 끝나자 도됴리는 거리를 어슬렁거렸다. 오로라는 도됴리를 쫓아갔다.

"도됴리, 메모리 링 찾으러 가라."

"앗! 깜빡…… 한 줄 알았지? 지구 탐험 먼저 하고. 오로라, 나랑 같이 탐험 다닐래? 지구 선배로서 추천할 모험 있어?"

도됴리는 오로라의 팔짱을 착 끼었다. 피부 접촉은 곧 세균 접촉. 오로라는 도됴리의 팔 길이만큼 훌쩍 떨어졌다.

"저리 가라."

"응? 저기 가자고?"

"오로라 씨! 여기서 보니 반갑네요!"

"오로라 아주머니도 그림 좋아하세요? 사람이 많아지니 더 신이 나요. 우리 같이 그려요."

미술 체험 부스에는 비아와 슈슈가 와 있었다. 두 사람은 예술 축제의 거의 모든 프로그램에 참여하는 중이었다. 단지 재미있다는 이유만으로!

새로운 체험에 대한 기대감으로 방방 뛰던 슈슈가 갑자기 쑥스러운 듯 두 손을 감싸 쥐며 말했다.

"그런데…… 제 그림 보고 웃으시면 안 돼요. 전 곰손이라 그림 솜씨는 꽝이거든요."

하지만 오로라의 정확한 눈에 슈슈의 손은 달리 보였다. 오로라는 슈슈의 생각을 고쳐 주었다.

"이제 머릿속에 떠오른 아름답고 평화로운 풍경을 캔버스에 옮겨 보세요."

미술 강사가 말을 마치자 어디선가 시원한 바람이 불었다. 그림 그리기 딱 좋은 온도와 습도, 그리고 분위기였다.

비아는 거침없이 그림을 그렸다. 원래 그림 그리기를 좋아했지만 제로에게 칭찬을 받아서 자신감이 더 높아졌다. 슈슈는 곰손을 꼬물거리며 한참을 망설였다. 겨우 뭔가를 그렸다가도 지우고, 다시 그리기를 되풀이했다.

도됴리는 캔버스에 36가지의 물감을 다 짜서 색깔을 칠했다. 오로라는 도됴리가 정체를 들킬 만한 이상한 그림을 그리지 않는지 강렬한 눈빛을 쏘며 감시했다.

미술 강사는 그림에 손도 대지 않고 도됴리만 쳐다보는 오로라에게 다가왔다.

"오로라 씨도 시작해 볼까요? 잘 그리지 않아도 돼요. 부담 갖지 말고 일단 도전해 보는 거예요! 어서요~."

오로라는 당황한 얼굴로 텅 빈 캔버스와 도됴리를 번갈아 보다가 하는 수 없이 그림을 시작했다.

지구인을 싫어하는 오로라도 지구의 자연만큼은 좋아했다. 오로라는 단숨에 캔버스를 채웠다.

한 시간 뒤, 참가자들은 완성한 그림을 들고 모였다.

　참가자들은 나이도 다르고 성별도 다르고 살아온 환경도 달랐지만, 그림의 분위기가 대부분 비슷했다.

　"사람들이 아름답게 느끼는 풍경은 다 비슷한가 봐요. 바다, 하늘, 평화로운 분위기, 둥둥 떠가는 구름과 휴식……."

　슈슈는 그 풍경이 제 앞에 있기라도 한 듯 미소 지었다. 그러다 오로라와 도됴리의 그림에서 눈이 커졌다.

순식간에 지구인들의 눈길이 오로라에게 쏠렸다.
"저 그림이 그렇게 훌륭한가?"
"아름다움의 기준은 정말 다른가 봐요."
당황한 오로라가 꽥 외쳤다.
"아니다. 하나도 안 아름답다!"
탐사대장 오로라는 이렇게 또 '지구인의 눈에 띄지 않는다'는 안전 수칙을 어기고 말았다. 오로라의 의지가 아니라, 자신도 몰랐던 지구인의 감성을 자극하는 뛰어난 그림 솜씨 때문에.

지구인에게는 보편적인 미의 기준이 있다

작성자: 오로라

★ 라후드는 방에 멀쩡히 있는 도됴리를 보지 못하고 도됴리가 사라졌다며 한바탕 난리를 피움. 도됴리는 어설픈 지구인 분장을 하고 쿠르르 섬을 마구 헤집고 다니는 중. 관리 안 되는 외계인 둘에 지구인들까지, 신경 써야 할 것이 한두 가지가 아님. 미용실에 다니던 때보다 더 골치 아픔.

★ 이전 본부의 이웃, 루이가 여전히 웹툰 임무를 수행하고 있음을 확인함. 댓글에서는 저런 외계인이면 친구 삼고 싶다는 반응이 많음. 외계인을 좋아하는 지구인들이 점점 늘어나는 것 같으나 아직 안심할 만한 수준은 아님. 이 웹툰이 지구인의 마음을 얼마나 바꿀지, 계속해서 지켜보겠음.

궁금할까 봐 보여 줌.
내가 그린
지구 자연의 풍경.

★ 도됴리와 함께 지구인의 미술 체험에 참여함. 흰 종이에 물감을 칠하는 일일 뿐인데 지구인들은 거의 초집중 상태에 빠져듦. 지구인들이 유일하게 조용한 순간이었음. 나의 매우 균형 잡히고 수학적인 그림은 지구인 화가의 눈에 띄고 말았음. 지구인들은 자연 속에서 찾을 수 있는 규칙을 그린 그림을 매우 창의적이라며 추켜세움. 다시는 그림을 그리지 않을 예정.

예술가의 뇌, 본격 해부!

- 예술가들은 평범한 지구인들과 다름. 이들은 보고 들은 것을 어떻게 하면 독창적이고 아름다운 방식으로 표현할 수 있는지 끊임없이 고민함. 이 과정에서 남들이 이해할 수 없는 행동을 하는 경우도 있다고 생각해, 지구인들은 예술가가 틀에서 조금 벗어난 행동을 해도 관대하게 넘어가는 편.

- 예술가들의 뇌는 다른 지구인의 뇌와 다르다는 연구도 있음. 벨기에 루벤 가톨릭 대학 연구팀이 예술가와 비예술가의 뇌를 비교해 본 결과, 예술가의 뇌는 두정엽의 쐐기전소엽이 일반인에 비해 더 두꺼웠음. 이 영역은 미세 운동과 시각적 감각을 관장하는 부위로, 예술가들이 손을 섬세하게 움직이고 마음의 눈으로 이미지를 그리는 일에 도움을 줌. 아름다운 그림을 그리는 데도 지구인의 뇌가 관여하는 것.

- 그렇다면 예술가들은 어디에서 창의적인 아이디어를 얻을까? 지구인들의 오른쪽 귀에서 약 5cm 위에 위치한 뇌 영역이 있음. 바로 '상측두이랑'. 좋은 생각을 떠올리는 지구인의 뇌에서는 상측두이랑이 계속해서 활성화되는 것으로 밝혀짐. 지구인이 멍때릴 때도 이 부위가 활성화된다고 함.

- 실제로 역사적으로 수많은 작품을 남긴 유명 예술가 중 밥을 먹거나 산책을 하거나 잠을 자려고 준비하는 동안 예술적 영감을 받은 이들이 존재함. 지구에서 가장 유명한 음악가 중 한 명인 모차르트나 유명 추리 소설 작가 애거사 크리스티 등 지구인들이 좋아하는 예술가들은 목욕을 하거나 낮잠을 잘 때 영감이 떠올랐다고 함. 일을 하는 건지 노는 건지 도무지 구분할 수 없음.

지구인 생존과 아름다움의 관계

- 지구인들이 느끼는 아름다움은 매우 다양하지만, 그중에서도 지구인의 눈을 사로잡는 보편적인 아름다움이 있음. 그중 하나가 1:1.618의 황금 비율인데, 지구인들이 건물을 아름답게 보이려 할 때도 사용함.

- 지구인들이 공통적으로 아름답다고 느끼는 풍경도 있음. 미국인 1,000여 명을 대상으로 좋아하는 색깔, 배경, 장면 등을 물어 그 대답을 기반으로 그림을 그려 봄. 그 그림에는 파란색과 초록색이 많이 쓰였고, 하늘과 물, 바위 등을 배경으로 편안하게 쉬는 장면이 담겨 있었음. 14개의 다른 나라에서도 똑같은 방법으로 그림을 그렸는데, 모두 비슷한 그림이 나옴.

- 맑은 날씨와 먹거리가 풍부한 물가, 적들에게 몸을 숨기고 편안히 쉴 수 있게 해주는 바위는 과거 지구인의 생존에 꼭 필요한 요소들이었음. 학자들은 이런 이유로 대부분의 지구인들이 같은 풍경을 좋아하게 된 것으로 추측함. 생존이 지구인의 진화에 끼친 영향은 여러 가지 주제에서 계속 발견되고 있음.

지구인은 못 보는 지구의 아름다움

지구의 자연에서는 '프랙털'이라는 구조를 쉽게 발견할 수 있다. 프랙털은 나무나 눈송이, 번개, 강줄기 등에서 볼 수 있는데, 부분이 전체와 동일한 모양으로 반복되는 구조를 뜻한다. 예를 들어 번개는 큰 줄기에서 여러 작은 줄기들이 뻗어 나가는 모양인데, 가까이에서 보나 멀리서 보나 똑같은 모양을 띠고 있다.

5

사랑, 사랑, 사랑!

지구인들이 좋아하는 지구인

집요하게 쫓아오는 미술 강사를 피해 전속력으로 달리던 오로라는 예술 축제가 한창인 공연 거리까지 와 버렸다. 지구인들은 거리 곳곳에서 자신의 노래와 춤, 연기 등을 뽐내고 있었다. 그중 한곳에서 오로라의 이성을 안심시키는 조화로운 화음이 들려왔다.

"어? 오로라 씨! 공연 보러 오셨어요?"

때마침 오로라를 발견한 에이에이가 반갑게 인사를 건넸다.

"보러 온 건 아니고, 와 보니 공연을 하고 있군요."

"잘됐네요. 같이 봐요. 볼 게 되게 많아요."

오로라는 놀랍게도 지구인의 음악을 들으며 마음이 편안해지는 걸 느꼈다. 음악 속에 숨은 수학적 비례가 질서를 사랑하는 오로라에게 딱 맞았던 것이다.

오로라는 홀린 듯 수의 아름다움을 따라 거리를 걸었다. 그러다 이상한 점 하나를 발견했다. 지구인들은 노래, 춤, 연주, 그림, 조각 등 다양한 장르의 예술을 즐겼다. 그런데 예술의 주제는 대부분 '사랑'이었다. 서로 사랑하다 헤어지고 아파하고 괴로워하는 내용들이 많았다. 지구인은 아름다움 속에서 기쁨을 느끼려고 예술을 하는 게 아니었나?

최근에 실연을 당한 에이에이는 '사랑'에 대한 감정이 좋지 않았다. 오로라도 이번만큼은 지구인에게 동의할 수 있었다.

"그렇죠? 사랑보다는 수학이 낫죠?"

"에이, 수학을 어떻게 사랑이랑 비교해요!"

"맞아요. 수학적 원리는 가장 완벽하죠. 세상에 수학만큼 아름다운 건 없을 거예요."

"에엥? 수학이 아름답다고요?"

에이에이는 오로라를 떨떠름한 표정으로 쳐다보았다. 둘은 서로의 대화가 점점 멀어지고 있음을 깨달았다.

사랑도 수학도 지긋지긋한 에이에이는 서둘러 대화를 마무리했다.

"우리 그냥 노래나 들어요……."

"전 여자 친구와 저의 노래라고요. 우리 노래를 여기서 혼자 듣고 있으니 너무 짜증이 나요."

노래가 클라이맥스로 올라갈수록 에이에이는 더욱 크게 울었다. 난데없는 울음소리에 공연을 지켜보던 지구인들이 오로라와 에이에이를 힐끔거렸다. 이렇게 또 주목을 받다니! 오로라는 당장 지구인의 눈물을 막기로 했다.

"저 사람에게 가서 말해야겠어요."

"네? 뭘요……?"

"저 사람이 당신의 노래를 훔쳐서 우는 거잖아요. 신고해서 노래를 되찾아 줄게요."

오로라의 말에 잠시 멍해진 에이에이가 되레 되물었다.

"오로라 씨는 자기만의 노래 없어요? 들을수록 내 마음 같고, 언제 들어도 마음을 울리는……."

"전 노래를 듣지 않습니다. 그런 노래도 당연히 없죠."

에이에이는 어이없다는 듯 말을 이었다.

"오로라 씨, '우리 노래'는 우리의 추억이 담긴 노래라는 뜻이에요. 우리는 언제나 이 노래와 함께했다고요."

 "우리 노래를 혼자 들으니 가슴이 너무 아파요. 그녀가 너무 보고 싶고……. 안 되겠어요. 이런 짓은 안 하려고 했는데."
 에이에이는 스마트폰을 꺼내서 전 여친의 남스타그램에 들어갔다. 전 여친은 에이에이 따위는 진즉 잊은 듯 환하게 웃고 있었다. 새로 사귄 남자 친구와 함께.

"으아앗, 여자들은 왜 이렇게 예술가를 좋아하는 거야!"

에이에이는 스마트폰을 집어 던지고 엉엉 울었다. 울다가 문득 고개를 들고 오로라에게 물었다.

"저도 음악을 할 걸 그랬어요. 그러면 그녀가 절 떠나지 않았겠죠? 아니면 새 여친이 금방 생겼을까요?"

지구인의 사랑에 대해 잘 알지 못하는 오로라가 대답하기는 어려운 질문이었다. 다행히 에이에이와 오로라의 대화를 엿듣고 있던 이들이 한마디씩 거들었다.

지구인들은 오지랖 떨기를 좋아하지만 사랑에 관해서 말하기라면 더 좋아하는 생명체들이었다.

에이에이는 예측할 수 없는 미래를 부정적인 쪽으로 상상하며 또다시 눈물을 질금거렸다. 그때 감미로운 사랑 노래를 마친 가수가 청아한 목소리로 말했다.

"모두가 함께 즐기는 예술 축제니까 함께 노래하는 시간을 가지면 어떨까요? 무대에서 저와 같이 노래하실 분~?"

몇몇 사람들이 손을 번쩍 들었다.

'부럽다. 저 사람들은 노래에 자신 있나 봐. 예술적 감성이 막 폭발하는 사람들, 인기남들이겠지…….'

에이에이는 더럭 화가 났다.

"에잇! 나라고 못 할 게 뭐야. 나도 인기남이 되고 싶다고!"

에이에이는 사람들을 거칠게 헤치고 무대로 뛰어나갔다.

피아노 앞에 앉은 가수가 부드러운 눈빛으로 에이에이를 바라보았다.

"어떤 노래를 부를까요?"

에이에이의 목소리가 덜덜 떨렸다.

"제가 부를 노래는……."

오로라는 조화를 무시하는 에이에이의 노래에 정신이 번쩍 들었다. 지구인의 음악에 너무 깊이 빠져 있었다. 그 와중에 무언가를 잊은 것도 같은데…….

오로라의 머릿속에 동그란 얼굴 하나가 스쳐 지나갔다.

"도됴리!"

보고서 70
지구인들은 언제나 사랑을 노래한다

작성자: 오로라

★ 지구인의 음악 중에는 시끄러운 것도 많지만, 수학적 비례를 사용해 부드럽게 들리도록 음을 배열해 놓은 것도 존재함. 지구 탐사 직전에 지구 행성의 증거인 동그란 원반에서 들은 소리가 바로 지구 음악의 일종.

★ 지구인들이 부르는 노래는 음과 가사로 이루어짐. 이 가사의 내용은 온통 사랑 이야기. 이것으로도 모자라 지구인들은 그림, 조각, 연극, 온갖 형태로 사랑을 표현함. 만나다 헤어지는 뻔한 내용을 왜 자꾸 불러 대는지 이해할 수 없음.

★ 에이에이의 말에 따르면 지구인들 사이에서 예술가들은 인기가 많음. 특히 노래를 잘 부르는 지구인들이 아주 인기 있음. 이들은 공간을 빌려 몇 시간 동안 노래를 부르기도 하는데, 매우 많은 지구인들이 그 노래를 듣기 위해 몰려옴.

★ 노래를 못 부르는 지구인도 있음. 이들은 음치라고 불리며, 에이에이가 이 부류에 속함. 에이에이의 전 여자 친구는 그의 끔찍한 노래를 듣고도 사랑을 받아 주었음. 노래를 잘하는 지구인이 인기가 많다고는 하지만, 사랑을 이루는 데 반드시 훌륭한 노래 실력이 필요한 것은 아님.

아름다움은 지구인이 만든 유혹의 언어

- 학자들은 지구인 예술의 기원을 짝을 유혹하려는 마음에서 찾기도 함. 수컷 공작새가 유용하진 않지만 아름다운 꼬리 깃털로 암컷을 유혹하는 것처럼, 지구인도 짝에게 잘 보이기 위해 자신을 멋지게 꾸미기 시작했다는 것.

- 지구인들은 동물들보다 훨씬 넓은 분야로 아름다움을 발전시킴. 뇌가 점점 정교해지면서 상대의 겉모습뿐만 아니라 행동과 언어, 유머 감각 등 짝을 선택하는 다양한 기준이 생겼기 때문임.

- 그중 언어는 지구인들이 자신의 아름다움을 드러내는 중요한 수단임. 지구인들은 800~1,000개의 기본 단어만 알아도 의사소통에 문제가 없음. 하지만 영어가 모국어인 사람들은 보통 약 60,000개의 단어를 알고 있음. 인지 심리학자 제프리 밀러는 나머지 59,000개의 단어가 같은 내용을 멋지고 복잡하게 말하기 위해 생겨났다고 설명함. 지구인들 사이에는 그런 어려운 단어들을 운율과 리듬에 맞춰 아름답게 표현하는 '시'라는 예술 분야도 있음.

- 예술 작품을 만드는 데 필요한 창의성과 손재주, 집중력은 그 지구인이 특별한 능력을 가졌음을 나타냄. 따라서 지구인들에게 예술가는 인기가 많음. 이를 보여 주는 실험도 있음. 미국의 심리학자 스콧 배리 우프만이 참가자들에게 매력적인 행동 50가지를 뽑아 순위를 매겨 달라고 함. 그중 작곡하기와 시 쓰기 등 아름다움과 관련된 창의적인 행동들은 매우 높은 순위를 차지함. 지구인의 관심을 끌고 싶지 않은 아우린이라면, 예술가적 면모를 보이지 않도록 주의할 것.

음악은 지구인의 뇌도 춤추게 한다

- 지구인들은 말하기 능력에 비해 듣기 능력이 매우 뒤떨어짐(보고서 39 참조). 그런데 듣는 걸 잘 못하는 지구인들도 음악은 어디에서나 들음. 공부할 때, 집에 갈 때, 밥 먹을 때, 심지어 잘 때조차도 음악을 듣고, 음악 듣기가 취미인 지구인들도 많음.
- 지구인의 음악에는 다양한 분위기가 존재함. 기쁠 때 듣는 음악, 슬플 때 듣는 음악이 나뉘어 있고 자신감을 불어넣기 위해 듣는 음악도 있음. 어떤 장르건, 음악을 듣다 감동을 받은 지구인의 뇌는 아주 활발하게 움직임.

음악을 들으면 바빠지는 뇌

후두엽 시각피질
: 음악을 들을 때 **후두엽 시각피질**이 활성화되면 음악을 시각적으로 상상하게 됨.

해마
: 기억 저장 창고인 **해마**가 활성화되어 노래와 관련된 기억을 꺼내고 저장함.

디폴트 모드 네트워크
: 창의성과 자아 성찰을 돕는 **디폴트 모드 네트워크**가 영감을 떠올리고 내면을 돌아보게 함.

측좌핵
: 보상을 담당하는 **측좌핵**에서 즐거움을 느끼게 하는 도파민이 분비됨.

©gettyimagesbank

- 음악은 하나의 뇌 영역이 처리하지 않음. 전두엽은 음악의 장르가 무엇인지, 음악이 좋은지 판단함. 후두엽은 악보와 시각적인 심상을 떠올림. 가사를 읽을 때는 언어 중추가 가동됨. 이 외에도 다양한 뇌 부위가 연합하여 음악을 들음.
- 가만히 있는 것처럼 보여도 음악을 듣는 지구인의 뇌와 마음에는 많은 변화가 일어남. 그러니 세상 한가하게 음악을 듣고 있는 지구인을 발견하더라도 그냥 내버려 둬야 함. 그 누구보다 바쁘게 뇌를 쓰고 있으니!

6

고대 쿠르르 여왕의 비밀

지구인은 때때로 과거 여행을 떠난다

쿠르르 박물관은 세계에서 가장 조용하고 한가하고 평화로운 박물관이다. 관람객이 한 명도 없는 날이 대부분이라, 소음도 없고 다툼도 없고 불평도 없었다. 일 년 전, 윈스가 큐레이터로 오기 전까지는.

열정적인 큐레이터 윈스는 쿠르르 박물관에 오자마자 매일 전시회를 열었다. 특별한 전시품은 없었지만 큰 전시회도 네 번이나 열었다. 작은 박물관에서는 무척 이례적인 일이었다.

하지만 지난해 동안 박물관을 찾아온 관람객은 겨우 열 명! 큐레이터의 자부심에 상처를 내기에 충분한 숫자였다.

"아무리 사람 적은 섬이지만 너무한 거 아니에요? 사람들은 왜 전시회를 보러 안 올까요?"

그런데 얼마 전 쿠르르 박물관을 활기차게 되살릴 기회가 찾아왔다. 쿠르르섬의 남쪽 바닷가에서 쿠르르 고대 왕국의 유물이 발굴된 것이다. 그냥 평범한 유물이 아니라 세계 최초로 발견된, 화산암으로 조각한 여왕의 석상이었다.

"예술 축제 기간에 맞춰 쿠르르 고대 여왕 특별전을 열 거예요. 평소 박물관에 관심이 없던 사람들도 '세계 최초'와 '커다란 여왕 석상'에는 흥미가 있겠죠. 그리고 이번에는 특별히 전단지까지 준비했어요. 빵빵하게 홍보할 거라고요!"

윈스는 전단지를 품에 꼭 안으며 웃었다.

"예술 축제에 온 사람들이 다 우리 박물관으로 오면 어떡해요? 으ㅎㅎㅎ~"

다음 날, 원스와 관장은 잔뜩 긴장해서 손님들을 기다렸다. 두 사람은 개장 시간인 10시에 맞추어 박물관 앞에 나가 관람객들이 걸어올 언덕길을 내려다보았다.

"정말로 관람객들이 올까요?"

기대에 찬 관장이 물었다. 원스는 자신 있게 대답했다.

"그럼요. 손님이 너무 많이 올까 봐 걱정입니다. 핫핫핫!"

"너무해. 콘서트만 예술이 아니라 쿠르르 여왕 석상도 근사한 예술품인데 사람들은 왜 몰라주는 거야! 단단한 화산암을 섬세하게 깎아 만든 석상과 단순하면서도 세련된 디자인의 고풍스러운 왕관! 수천 년 전 쿠르르 사람들의 미의식을 고스란히 볼 수 있는 엄청난 기회가 눈앞에 있잖아. 예술 좋아하는 사람들아, 왜 안 오냐고오오!"

원스는 기대가 컸던 만큼 실망도 컸다.

"원스 씨, 너무 낙담하지 마세요. 그래도 한 명은 올 거예요. 맨날 오시는 그분 있잖아요."

관장은 축 늘어진 원스의 어깨를 두드려 주었다. 둘은 터벅터벅 박물관 안으로 돌아갔다.

그 시각, 박물관 단골손님은 제일 좋은 옷을 입고 집을 나서고 있었다.

쿠르르 박물관은 실버에게 무척 특별한 장소였다. 부인이 살아 있을 적에, 실버는 자신과 가족의 생일 때마다 부인과 함께 박물관에 갔다. 실버의 조상이 500년 전에 그린 그림이 박물관에 전시되어 있기 때문이었다.

실버는 부인이 죽은 뒤에도 꼬박꼬박 박물관을 찾았다. 아내와의 추억이 많은 박물관에서 옛 조상이 그린 그림을 보고 있으면 가족과 함께 있는 것 같은 따뜻한 감정이 들었다.

"고대 유물 특별전이라……. 아내가 좋아했을 텐데."

실버는 아쉬움에 주위를 두리번거렸다. 거리에서는 아내가 좋아했던 감미로운 노래가 들려왔다. 실버가 눈을 감고 잠시 노래를 음미하던 그때, 기차 경적처럼 커다란 목소리가 실버의 귀를 강타했다.

"라후드 씨, 안녕하세요. 누굴 찾고 계신가요?"

"제 친구 도됴리가 사라졌어요. 개성이 매우 강한 의상을 입고 키가 아주 작은 사람을 보셨나요?"

"글쎄요. 개성을 뽐내는 예술가들이 좀 많아야지요."

그러고 보니 실버도 평소와 다른 개성을 뽐내고 있었다.

"실버 씨도 평소와 다르네요. 숨쉬기를 방해하는 넥타이와 허리띠를 하고, 발가락의 움직임을 제한하는 광택 나는 신발을 신었네요."

"하하, 멋을 좀 부렸어요. 지금 박물관에 가는 길이거든요."

"박물관은 재미있나요?"

놀이공원처럼 정신없이 재미있는 곳이라면, 도됴리도 박물관에 갔을지 모른다.

"그럼요. 과거 여행을 할 수 있으니 얼마나 재미있다고요."

"과거 여행? 혹시 박물관에 타임머신이 있어요?"

"당연히 있지요. 아주 우아한 타임머신이에요."

라후드는 깜짝 놀랐다. 낮은 이성의 지구인들이 그런 복잡하고 어려운 기기를 개발했다고? 믿기 힘들지만, 정말로 타임머신이 있기만 하면 도됴리를 잃어버리기 전으로 시간을 되돌릴 수 있을 것이다. 라후드가 외쳤다.

"당장 타임머신을 타러 갑시다."

박물관에 도착하자마자 라후드의 기대는 곧 실망으로 바뀌었다. 실버가 말한 시간 여행은 타임머신을 타고 하는 게 아니었다. 그림을 보고 옛날이야기를 듣는 상상 속 여행이었다.

"쿠르르섬을 잘 모르는 사람이라면 그럴 수 있어요. 라후드 씨에게는 제가 직접 그림에 얽힌 이야기를 들려줄게요."

실버가 목을 가다듬었다.

"수천 년 전, 쿠르르섬에는 화가 나면 불을 뿜는 무서운 산이 있었어요. 사람들이 산을 소중히 여기지 않자, 화가 난 산이 뜨거운 불을 마구 뿜어냈지요. 쿠르르 사람들은 불을 피해 다른 섬으로 도망쳤어요.

그러던 어느 날, 하늘에서 노란 별이 내려와 화산 구멍을 꽉 막았어요. 산이 잠잠해지자 사람들은 섬으로 돌아왔지요. 그런데 섬 한가운데에 별을 타고 온 신이 서서 쿠르르 사람들을 맞이했어요."

"쿠르르 사람들은 화산을 멈춘 신을 여왕으로 받들었어요. 그렇게 쿠르르 고대 왕국이 세워졌지요.

쿠르르 여왕은 사람들에게 하늘을 나는 법, 즐겁게 춤추는 법, 신나게 노래하는 법을 가르쳐 주었대요. 사람들은 평화와 즐거움을 가르쳐 주는 여왕을 사랑했고, 여왕도 사람들을 정성껏 아끼고 보살폈답니다."

"여왕은 천 년 동안 쿠르르 왕국을 다스리다가 왕관만 남겨 둔 채 사라졌어요. 여왕이 사라진 뒤 사람들은 너무 슬퍼한 나머지, 나는 법을 잊어버리고 말았대요. 하지만 춤추고 노래하는 법은 기억하고 후손에게 물려주어서 쿠르르 사람들은 지금도 예술을 사랑하고 즐긴답니다."

"그림을 통해 나의 선조와 쿠르르 여왕, 그리고 지금 감상하는 우리들 모두가 어떤 감정으로 이어진 것 같지 않아요?"

실버는 아스라한 눈빛으로 그림을 바라보았다. 그러나 실망감에서 벗어나지 못한 라후드는 심드렁하게 대꾸했다.

"실버 씨는 조상과 이어진 느낌이 아니라 정말로 이어졌어요. 조상에게 유전자를 물려받았으니 유전자로 이어져 있죠."

실버가 고개를 절레절레 저었다.

"그림의 감동이 라후드 씨에게 전해지지 못했나 보군요. 가까이에서 보시면 감동이 배가 되는데……. 여기 쿠르르 고대 여왕이 타고 온 별을 보세요."

실버는 그림 가까이로 라후드를 끌어당겼다.

헉! 이건…
별이 아니라
우주선이잖아!

쿠르르 여왕이 타고 온 별은 아무리 봐도 외계인의 우주선이었다. 지구인들은 수천 년 전 지구에 온 외계인을 여왕으로 받든 것이다. 외계인인 줄 알고도 그랬을까? 과거의 지구인들을 탐구하고 싶은 라후드의 호기심이 요동쳤다.

"쿠르르 여왕은 어떻게 생겼나요?"

"나도 궁금했소. 마침 옆 전시실에서 쿠르르 여왕의 석상을 전시한다니 가 봅시다. 기대가 커요."

실버와 라후드는 특별 전시실인 '여왕의 방'으로 갔다.

쿠르르 여왕은 어두운 방의 한가운데에 늠름하게 서 있었다. 부드러운 조명이 커다란 여왕 석상을 아름답게 비추었다.

보고서 71
예술이 지구인에게 특별한 이유

작성자: 라후드

★ 박물관은 지구인들의 예술 작품을 한 공간에 모아 놓고 감상하는 곳. 이곳에서 지구인들은 그 작품을 만든 과거의 지구인과 연결되어 시간 여행을 떠난다고 함. 이 말을 오해하면 안 됨. 진짜 시간 여행이 아니라 상상으로 떠나는 시간 여행이기 때문. 지구인들은 아직 타임머신을 만들지 못함.

★ 도됴리의 할머니, 쿠루의 흔적을 찾음! 쿠르르섬의 옛 주민들이 쿠루 할머니의 모습을 조각한 석상을 발견함. 이마에 삐죽 솟은 더듬이와 머리 모양이 도됴리와 똑같음. 쿠르르섬이라는 이름도 쿠루 할머니에게서 따온 것으로 추정됨. 외계인을 조상으로 둔 지구인들이 있었다니 매우 신기함.

★ 실버가 들려준 이야기에 따르면, 쿠루 할머니는 지구인들을 보살펴 주는 신과 같은 존재였음. 생명을 위협받던 주민들을 구출하고 주민들에게 평화와 즐거움 그리고 하늘을 나는 법까지 가르쳐 주었다고 함. 이때의 지구인들은 쿠루가 외계인인 걸 알았을까, 몰랐을까? 쿠루의 사례는 지구인과 외계인이 함께 잘 지낼 수 있다는 증거로도 손색이 없음.

세상과 지구인을 연결하는 예술

- 지구인의 뇌는 상황에 따라 활성화되는 영역들이 달라지는데, 크게 '디폴트 모드 네트워크(Default Mode Network)'와 '태스크 포지티브 네트워크(Task Positive Network)'로 나눌 수 있음. 디폴트 모드 네트워크는 편하게 쉬면서 자신의 내면을 들여다볼 때 활발해짐. 반면 태스크 포지티브 네트워크는 일을 열심히 하거나 바깥세상을 감각할 때 활발해짐. 이 두 영역은 거의 항상 따로따로 작동함.

- 그런데 두 영역이 동시에 작동하는 순간이 있음. 바로 예술 작품을 보고 큰 감동을 느낄 때. 바깥세상에 놓인 작품을 감상하는 동안, 내면의 감정 변화를 느끼고 깨달음을 얻는 과정이 일어나기 때문임. 즉, 예술 작품 감상은 지구인들에게 내면과 세상이 연결되는 아주 희귀한 순간임. 이 순간이 주는 특별함 때문에 지구인들이 예술에 열정을 쏟는 것으로 보임.

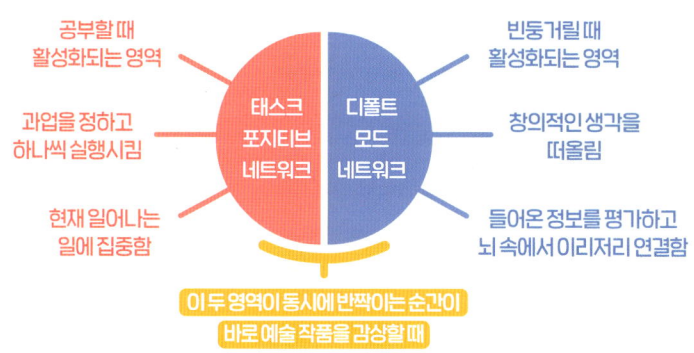

지구인들은 예술을 온몸으로 감상한다

- 지구인들은 예술 작품을 통해 그 작품을 만든 예술가와 대화를 나눈다고 생각함. 예술가가 처한 시대를 이해하고 이 작품을 만든 이유 등을 추측하며 소통하려고 함. 눈앞에 존재하지 않는 사람과 연결되려는 이상한 행동.

- 작품을 보는 지구인의 몸이 예술 작품과 연결될 때도 있음. 석상 사진을 보는 지구인의 뇌를 찍었을 때 신체 운동을 담당하는 뇌의 '전운동영역'이 눈에 띄게 활성화되는 것이 관찰됨. 다시 말해, 머릿속에서 석상의 자세를 재연하고 있었던 것. 여기에 거울 뉴런의 도움을 받아, 지구인들은 자신이 마치 석상의 주인공이라고 생각하고 석상의 몸과 표정에서 느껴지는 고통, 즐거움 등의 감정을 느꼈음.

© Alex Mit, Sebastian Kaulitzki /shutterstock

지구인을 본부에서 쫓아내려면

지구인들의 노래 중 중독성이 강한 것은 '귀벌레 현상'을 일으키기도 한다. 귀에 벌레가 있는 것처럼 노래의 한 구절이 끊임없이 반복되는 현상으로, 피로와 스트레스를 완화하기 위한 뇌 활동 중 하나다. 하지만 귀벌레 현상이 한번 시작되면 지구인의 의지로는 잘 멈출 수 없기 때문에 시험 등 중요한 일을 앞둔 지구인들에겐 공포의 존재다.
현재 본부는 지구인들이 점령한 상태. 지구인이 본부에서 나가기를 거부할 시, 귀벌레 현상을 일으킬 중독성 강한 노래를 배포하여 항복하게 만드는 전략을 고려해 보겠다.

7

할머니의 소중한 기억

록 콘서트장은 박물관 바로 옆에 있었다. 공연이 시작되자 강한 비트의 록 음악이 박물관 전체를 울렸다.

콘서트장이 한눈에 내려다보이는 박물관 테라스에 선 윈스는 한숨을 푹 쉬었다. 관객들은 열정적이다 못해 열광적으로 뛰고 있었다.

"저 가수는 좋겠다. 관객들이 많이 와서……."

윈스도 어릴 적에는 록 음악을 좋아했다. 음악에 맞춰 격렬하게 머리를 흔들다가 목을 삔 적도 있었다. 하지만 썰렁한 박물관에서 바라보는 콘서트는 도무지 흥이 안 났다.

박물관은 파리만 날리는데, 저기는 사람이 꽉 찼네…

바글 바글

예후…

목이 터져라 함성을 지르고 있는 관객들 중에는 도됴리도 끼어 있었다.

"지구 음악, 내 스타일이야~!"

도됴리는 빠른 비트의 시끄럽고 역동적인 록 음악이 마음에 쏙 들었다. 에너지 넘치는 분위기가 도됴리에게 꼭 맞았다. 도됴리는 펄쩍펄쩍 뛰고 꽥꽥 소리를 지르며 새로운 행성의 음악을 즐겼다.

"다들 장난 아니네. 특히 저 사람. 저렇게 흔들다가 머리 날아가겠어."

원스의 말이 끝나기도 전에 신명 나게 머리를 흔들던 관객의 머리가 날아갔다. 정확히는 머리가 아니라 가발이었다. 앗, 그런데 가발 속의 머리는 평범한 사람의 것이 아니었다.

같은 시각, 라후드와 오로라도 도됴리의 위치를 알아챘다. 신이 난 도됴리가 내지르는 고주파음 때문이었다.

'라후드, 도됴리 위치 확인했음.'

'응, 나도! 내가 데려올게.'

아우린들은 콘서트장의 인파 속으로 정신없이 뛰어들었다. 믿을 수 없는 것을 본 원스도 관객들 사이로 몸을 던졌다.

외계인들이 도착한 곳은 박물관 전시실 여왕의 방이었다.

"쿠루 할머니, 드디어 만났군요!"

도됴리는 여왕의 석상을 단박에 알아보았다. 오랜 시간을 지나, 머나먼 우주를 건너 만난 쿠루 할머니의 유산이었다.

"할머니의 소중한 기억을 호리호리로 가져갈게요. 호리호리 탐험 기록 수집 #3927 쿠루 대 도됴리, 이동 시작."

젤리 안테나가 교신을 시작하자, 메모리 링에서 밝은 빛이 솟아났다. 전시실 안을 가득 채운 빛은 다시 한 줄기로 모여 부르르 떨고 있는 젤리 안테나로 쏙 들어갔다.

빛이 완전히 사라진 뒤, 라후드가 조심스럽게 물었다.

"도됴리, 다 끝났어?"

"응, 쿠루 할머니가 저장한 정보는 끝났어. 이제는 지구인들이 저장한 정보를 옮겨야지."

이어서 쿠루 석상의 모습을 천천히 스캔하던 도됴리가 불쑥 질문을 던졌다.

"지구인들이 우리 할머니를 좋아했다고?"

낯선 행성에 온 외계인을 좋아해 준 착한 지구인들. 도됴리는 뭉클한 감정을 느꼈다.

"도됴리, 지구인들이 오기 전에 나가야 해."

오로라가 재촉했지만 도됴리는 석상에서 눈을 떼지 못했다.

"한번 만져 보고 싶어. 할머니가 느껴질 것 같아. 단순한 돌 이상의 느낌이 들어……."

도됴리는 오로라가 말릴 새도 없이 쿠루 석상의 머리를 쓰다듬었다.

웨에에에엥!

그 순간 박물관 경보 장치가 요란하게 울렸다.

"도됴리, 기어이 문제를 일으켰군. 서둘……."

오로라의 말이 끝나기도 전에 지구인이 나타났다. 지구인은 전시실의 입구를 단단히 막고 소리쳤다.

도됴리는 대답하고 싶었지만 오로라와 라후드에게 꽉 붙잡혀 숨도 못 쉬었다.

"하늘에서 내려온 신인가요? 아니면 외계인?"

윈스는 천천히 외계인들이 숨은 석상 쪽으로 걸어왔다. 윈스의 발걸음에 맞춰 외계인들도 살금살금 움직였다.

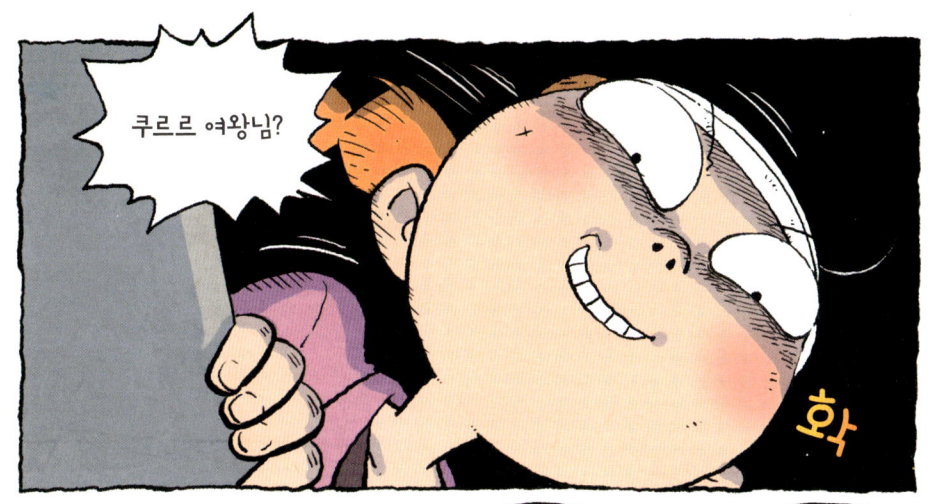

　박물관을 샅샅이 뒤졌지만 윈스는 아무것도 발견하지 못했다. 오히려 생각지도 못한 누군가가 윈스를 발견했다.

　"당신이 윈스입니까?"

　윈스 앞으로 검은 양복을 입은 자들이 착착 줄을 맞추어 늘어섰다.

　구둣발 소리가 박물관을 울렸다.

한편, 오로라와 라후드는 깜깜해지기를 기다려 보스 저택을 떠났다. 보스의 황금 열쇠만 달랑 챙겨 들고.

오로라는 조심스럽게 앞서가며 속삭였다.

"라후드, 조용히 따라와."

"응, 대장."

"나도 데려가!"

아우린들은 깜짝 놀라서 돌아보았다. 이 목소리는……?!

에필로그

원스를 찾아온 사람들

이 책을 만든 사람들

정재승
기획

KAIST에서 물리학으로 학사, 석사, 박사 학위를 받았습니다. 예일대학교 의과대학 정신과 박사후 연구원, 고려대학교 물리학과 연구교수, 컬럼비아대학교 의과대학 정신과 조교수를 거쳐, 현재 KAIST 뇌인지과학과 교수로 재직 중입니다. 우리 뇌가 어떻게 선택을 하는지 탐구하고 있으며, 이를 응용해서 로봇을 생각만으로 움직이게 한다거나, 사람처럼 판단하고 선택하는 인공지능을 연구하고 있습니다. 쓴 책으로는 <정재승의 과학 콘서트>(2001), <열두 발자국>(2018) 등이 있습니다.

정재은
글

프로젝트를 진행하는 동안 때로는 아싸로, 때로는 라후드로, 때로는 오로라나 바바로 끊임없이 정신을 분리하며 도서 전체의 스토리를 진행했습니다. 가 본 적 없는 아우레 행성과 직접 열어 본 적 없는 지구인의 뇌를 스토리 속에 엮어 내기 위해 엄청 열심히 공부를 해야 했습니다. 쓴 책으로 <뚱핑크 유전자 수사대> <멘델 아저씨네 완두콩 텃밭> <미스터리 수학유령> 시리즈 등 다수의 어린이 책이 있습니다. 머릿속 넓은 우주가 어디로 펼쳐질지 모르는 창의력 뿜뿜 스토리텔러.

김현민
그림

일찍이 유럽으로 시장을 넓힌 대한민국의 만화가. 대학에서 산업디자인을 전공한 뒤 어릴 때 꿈을 찾아 만화가가 되었습니다. 프랑스 앙굴렘 도서전에 출품한 것을 계기로 프랑스 출판사에서 <Archibald 아치볼드>라는 모험 만화를 만들고 있습니다. 인간이 아닌 괴물이나 신기한 캐릭터 등 상상력을 발휘할 수 있는 그림을 좋아합니다. 몸은 지구에서 벗어날 수 없지만, 머릿속은 항상 우주의 여행자가 되고 싶은 히치하이커.

이고은
심리학 자문

지구인들의 심리를 과학적으로 설명해서 보여 주는 것이 취미이자 특기인 인지심리학자. 부산대학교에서 심리학으로 학사, 인지심리학으로 석사와 박사 학위를 받은 뒤, 강의와 연구를 하고 있습니다. 과학 웹진 <사이언스 온>에서 '심리실험 톺아보기' 연재를 시작으로 각종 매체에 심리학을 소개해 왔으며, <마음 실험실>(2019), <심리학자가 사람을 기억하는 법>(2022)을 펴낸 과학적 스토리텔링의 샛별.

우주국 X-파일
13권 미리보기

외계 문명은 존재하는가?
지구 상공을 날아다닌
신원 미상의 비행 물체는?
특종! 우주국의 비밀문서 입수!

우주국
X-파일

: 외계인은 존재하는가?

문서 번호: 177815-0811823
보안 등급: 코드 레드

외계인은 실제로 존재하는가?
최근 지구 곳곳에서
외계인의 흔적이 발견되고 있다.
외계인, 그들은 누구이며 왜 지구에 왔는가?
우리 우주국은 그 해답을 찾기 위해 존재한다.

우주공원에서 목격된 네쌍둥이.
다 똑같이 생겼으나
한 명은 조금 푸짐함.

우주공원 네쌍둥이.
이들은 네 사람이 텐트 안에서 3초 만에
옷을 갈아입었다고 전해지며, 이후에도
이 좁은 텐트에서 서너 명이 더 나왔다고
어린이 목격자들은 증언했다. 또한 그 근처에서
신비로운 빛을 내뿜는 수상한 공을 봤다는
신고가 접수되었다. 하지만 보스의 부하,
검은 양복이 획득한 이후로 행방이 묘연하다.

수상한 공!
검은 양복이 갖고 있나?

여기를 주목!

외계인들이 플래시를 터뜨리며
지구의 사진이라도 찍고 있었던 걸까?
그게 아니라면 계속해서 발견되는 기이한 빛 현상을
어떻게 설명할 것인가? 이 의심스러운 빛은
와와와와우 시그널 3호를 발동시킨 신원 미상의
비행 물체와 관련 있어 보인다.

탑승자는 누구?

우리는 현재 '루이'라는 자를 조사 중이다.
그는 이 모든 증거가 가리키는 곳에
거주하고 있으며, 외계인에게 우호적인
웹툰을 그리고 있다.
그는 정말 우리가 찾던 외계인일까……?
그가 궁금하다.

성명: 루이 / 나이: 20대 초반 추정
특이 사항: 너무 평범해서 눈에 띄지 않음.
훌륭한 위장술. '대호'라는 동생과 거주 중.

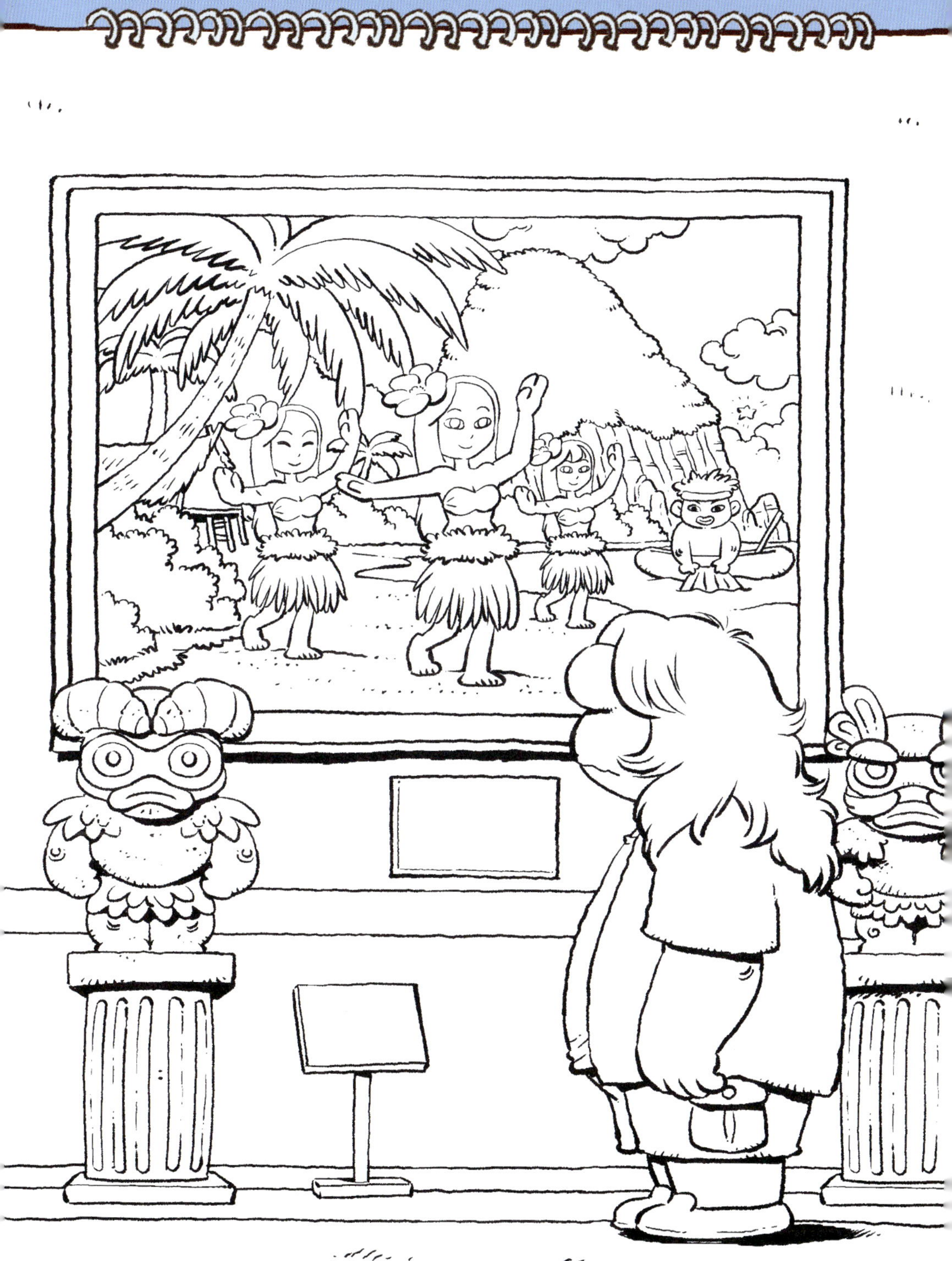

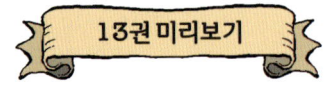

지구 어린이들의
최대 스트레스, 공부!

공부를 열심히 하면 정말 행복해질까?

평화로운 쿠르르섬을 떠나 새 임시 본부에 도착한 외계인들의 눈이 휘둥그레졌다. 누군가 아우린들이 이곳에 올 것을 알고 있었나? 오로라가 좋아하는 깔끔한 인테리어, 식탁 위에 무심히 놓여 있는 탕탕면까지. 아우린을 잘 아는 누군가가 먼저 왔다 간 것만 같다.

신이 난 라후드는 탕탕면에 물을 부었다.

"오로라, 누군가 우리를 지켜 주고 있는 것 같지 않아?"

"전혀. 누군가 우리를 감시하고 있는 것 같다."

새로운 본부에 도착했으니 새로운 수색이 시작되어야 한다. 오로라는 건물 전체를 속속들이 뒤지기 시작하고, 어린 지구인들이 하나둘씩 사라지는 2층의 수상한 공간을 발견한다.

"엄마가 공부해야 잘 먹고 잘산대요."

"어른들은 공부 안 해서 좋겠어요."

　어린 지구인들은 하루에도 몇 시간씩 '학원'이라는 공간에 갇혀 공부를 한다. 행복을 위해 공부한다고 하지만, 지구인들의 표정은 어둡기만 한데…….

　한편, 지구의 한 교실에선 사각거리는 소리와 함께 불길한 기운이 피어오른다.

　"쟤만 없으면 내가 일 등이야…….."

　전교 일 등, 시끄럽게 떠드는 아이, 컹컹 짖어 공부를 방해하는 강아지의 이름으로 채워진 노트의 주인은 누굴까?

　지구인들은 외모만큼이나 공부에 집착한다! 공부 스트레스에 시달리는 지구인들과 그런 지구인을 공부하느라 머리 아픈 아우린들은 과연 서로를 이해할 수 있을까?

　아우린들이 관찰하는 지구인의 **"공부"** 이야기가 13권에서 이어집니다.

다양한 SNS 채널에서
아울북과 을파소의 더 많은 이야기를 만나세요.

인스타그램 @owlbook21   페이스북 @owlbook21   네이버카페 owlbook21   네이버포스트 아울북 and 을파소

정재승의 인간 탐구 보고서

12 인간은 누구나 더없이 예술적이다

기획 정재승 | **글** 정재은 | **그림** 김현민 | **심리학 자문** 이고은
정보글 백빛나 이신지 | **배경설계자** 김지선
사진 getty images bank, Shutterstock, Wikimedia Commons

1판 1쇄 발행 2023년 8월 23일
1판 5쇄 발행 2025년 9월 17일

펴낸이 김영곤
기획개발 문영 이신지 **프로젝트4팀** 김미희 이해인 **디자인** 김단아
영업팀 정지은 한충희 남정한 장철용 강경남 황성진 김도연 이민재
제작 이영민 권경민

펴낸곳 ㈜북이십일 아울북
출판등록 2000년 5월 6일 제406-2003-061호
주소 (10881) 경기도 파주시 회동길 201(문발동)
대표전화 031-955-2100 **팩스** 031-955-2177 **홈페이지** www.book21.com

© 정재승·김현민·정재은, 2023
이 책을 무단 복사·복제·전재하는 것은 저작권법에 저촉됩니다.

ISBN 978-89-509-6824-3 74400
ISBN 978-89-509-7373-5 74400 (세트)

책값은 뒤표지에 있습니다.
잘못 만들어진 책은 구입하신 서점에서 교환해 드립니다.

- 제조자명 : ㈜북이십일
- 주소 및 전화번호 : 경기도 파주시 문발동 회동길 201(문발동) / 031-955-2100
- 제조연월 : 2025.9.17.
- 제조국명 : 대한민국
- 사용연령 : 3세 이상 어린이 제품

너와 나, 우리들의 마음을 이해하게 도와줄 첫 번째 뇌과학 이야기
정재승의 인간 탐구 보고서 (1~18권)

❶ 인간은 외모에 집착한다
❷ 인간의 기억력은 형편없다
❸ 인간의 감정은 롤러코스터다
❹ 사춘기 땐 우리 모두 외계인
❺ 인간의 감각은 화려한 착각이다
❻ 성은 우리를 다르게 만든다
❼ 인간은 타고난 거짓말쟁이다
❽ 불안이 온갖 미신을 만든다
❾ 인간의 선택은 엉망진창이다
❿ 공감은 마음을 연결하는 통로
⓫ 인간을 울고 웃게 만드는 스트레스
⓬ 인간은 누구나 더없이 예술적이다
⓭ 인간은 모두 호기심 대마왕
⓮ 인간, 돈의 유혹에 퐁당 빠지다
⓯ 소용돌이치는 사춘기의 뇌
⓰ 사랑은 마음을 휘젓는 요술 지팡이
⓱ 음식, 인간의 마음을 요리하다
⓲ 이야기 공장 뇌, 오늘도 풀가동 중!

인류의 과거와 현재를 이어 줄 아우린들의 시간 여행!
정재승의 인류 탐험 보고서 (1~10권)

완간

❶ 위대한 모험의 시작
❷ 루시를 만나다
❸ 달려라, 호모 에렉투스!
❹ 화산섬의 호모 에렉투스
❺ 용감한 전사 네안데르탈인
❻ 지구 최고의 라이벌
❼ 수군수군 호모 사피엔스
❽ 대륙의 탐험가 호모 사피엔스
❾ 농사로 세상을 바꾼 호미닌
❿ 안녕, 아우레 탐사대!